RAPPORT

FAIT AU NOM DE LA SOCIÉTÉ LIBRE DES BEAUX-ARTS,

PAR M. AUGUSTE GALIMARD,

Peintre d'histoire,
Vice-président de la Société libre des Beaux-Arts, etc.

sur un ouvrage ayant pour titre :

EUSTACHE LESUEUR,

SA VIE ET SES OEUVRES,

PAR M. LUDOVIC VITET,

*Membre de l'Institut, Chevalier de la Légion-d'Honneur,
Conseiller-d'Etat, Député.*

PARIS

IMPRIMERIE DUCESSOIS

Quai des Augustins, 55.

1847

RAPPORT

FAIT AU NOM DE LA SOCIÉTÉ LIBRE DES BEAUX-ARTS

PAR M. AUGUSTE GALIMARD

SUR UN OUVRAGE AYANT POUR TITRE:

EUSTACHE LESUEUR,

SA VIE ET SES OEUVRES.

PAR M. LUDOVIC VITET,

Membre de l'Institut, chevalier de la Légion d'honneur,
Conseiller d'Etat, Député.

1847

[illegible]

[illegible]

[illegible]

[illegible]

[illegible]

[illegible]

1841

RAPPORT

FAIT AU NOM DE LA SOCIÉTÉ LIBRE DES BEAUX-ARTS,

Par M. Auguste GALIMARD,

Peintre d'histoire,
Vice-président de la Société libre des Beaux-Arts, etc.

sur un ouvrage ayant pour titre :

EUSTACHE LESUEUR,

SA VIE ET SES OEUVRES,

PAR M. LUDOVIC VITET,

*Membre de l'Institut, Chevalier de la Légion-d'Honneur,
Conseiller-d'Etat, Député.*

Lu dans la séance du 7 avril 1846,
à l'Hôtel-de-Ville.

Messieurs,

Vous avez bien voulu me confier l'examen d'un ouvrage important, offert à la Société libre des Beaux-Arts, ayant pour titre : *Eustache Lesueur, sa vie et ses œuvres.*

Le résultat de cet examen approfondi, dont je vais avoir l'honneur de vous rendre compte, sera de vous signaler un ouvrage tout à fait digne de votre bienveillante attention.

Dans la dernière séance de l'Académie française, M. le Comte Molé, énumérant les titres nombreux de M. Vitet, récipiendaire, mettait sa belle étude écrite sur Lesueur au nombre de ces œuvres supérieures dont l'effet salutaire doit concourir puissamment au développement des beaux-arts.

Permettez-moi, Messieurs, de citer textuellement le premier paragraphe de la vie de Lesueur. J'aurais trop de regret s'il me fallait vous résumer ces quelques lignes que je ne pourrais qu'altérer.

« Eustache Lesueur naquit à Paris en 1617. Son père, originaire de Montdidier en Picardie, était un sculpteur assez médiocre, qui avait encore moins de fortune que de talent, mais qui sut reconnaître de bonne heure les dispositions de son fils pour le dessin. Ne se sentant pas de force à lui servir de guide, il se hasarda à soumettre ses essais enfantins au peintre alors à la mode, au peintre tout-puissant, au premier peintre du roi, Simon Vouet, qui consentit à recevoir le jeune Lesueur dans son école.

« Vers la même époque, un autre enfant, moins âgé de deux ans, fils aussi d'un pauvre sculpteur, était introduit dans l'atelier de Vouet ; il se nommait Charles Lebrun. Mais, comme si la destinée de ces deux hommes n'eût pas voulu se démentir un seul jour, tandis que Lesueur était admis par grâce et presque par charité, Lebrun se voyait reçu avec empressement et déférence. Un puissant personnage, le chancelier Séguier, lui avait ouvert la porte, et s'engageait à le protéger de sa bourse et de sa faveur.

« Dans ce même atelier où, avec un empressement

jusque là sans exemple en France, une foule de personnes de toutes conditions venaient s'initier à l'art de la peinture, on remarquait un jeune homme de Troyes en Champagne, nommé Pierre Mignard, qui touchait alors à sa vingtième année, et possédait déjà un pinceau si facile et un si grand don d'imitation, que son maître signait parfois ses tableaux sans scrupule. Vouet, qui aimait l'argent, et qui voulait profiter de sa vogue, avait pris son élève en extrême affection, et se proposait même d'en faire son gendre ; mais le jeune peintre, comme tous ceux de ses camarades qui se vouaient sérieusement à leur art, était atteint d'une passion irrésistible qui ne lui permettait pas de faire un long bail avec son maître et avec Paris.

« L'Italie, visiter l'Italie, telle était l'idée fixe qui possédait alors nos jeunes artistes français. Pendant longtemps c'étaient les peintres italiens qui étaient venus chez nous par colonies : les nôtres alors étaient peu voyageurs et ne franchissaient les monts qu'à de rares intervalles. Mais depuis la fin des troubles, depuis la rentrée du roi Henri dans Paris, et surtout depuis son mariage, les rôles étaient changés, et c'étaient nos artistes qui se précipitaient sur l'Italie. La beauté de ses chefs-d'œuvre, qui durant le siècle précédent n'avait pas été universellement comprise en France, avait fini par devenir tellement incontestée, leur renommée était tellement retentissante, que le public ne reconnaissait plus pour peintres que ceux qui revenaient de ce pays-là, et que les jeunes gens couraient y chercher leur brevet de maîtrise, leur baptême d'artiste, et je ne sais quelles recettes merveilleuses pour avoir du génie.

« Deux sortes d'émigrations étaient alors nécessaires : les nouvelles Indes, pour qui voulait faire fortune ; l'Italie pour qui voulait se faire un renom dans les arts.

« Aussi, quelque grande que fût la célébrité de Vouet, quel que fût son crédit auprès du roi Louis XIII, qui prenait de ses leçons quatre fois la semaine, cette fièvre de voyages faisait de continuels ravages dans son atelier. Malgré ses instances pour retenir les plus habiles, chaque année lui enlevait un certain nombre de ses bons élèves. Ce fut bientôt le tour de Pierre Mignard. Il alla rejoindre son ami Dufresnoy, parti deux ans auparavant ; et quelques années plus tard, Lebrun, auquel le chancelier Séguier assurait, outre les frais du voyage, une pension pendant six années, se mit aussi à faire ses préparatifs de départ. Quant à Lesueur, lui qui n'avait ni argent ni patron, il restait à Paris, et voyait, le cœur gros, ses camarades entreprendre, l'un après l'autre, ce doux pèlerinage.

« Il ne savait pas que c'était sa bonne étoile qui le retenait loin de cette Italie si belle, mais si dangereuse. Sans doute il perdait l'occasion de fortes et savantes études ; mais que de piéges, que de contagioux exemples n'évitait-il pas ! Aurait-il su, comme le Poussin en fut seul capable, résister aux séductions du présent pour ne lier commerce qu'avec l'austère pureté du passé? Son âme tendre était-elle trempée pour cette lutte persévérante, pour cet effort solitaire? N'aurait-il pas cédé? Et alors que seraient devenues cette candeur, cette virginité de talent, qui font sa gloire et la nôtre, et qui, par un privilége unique, lui font retrouver dans un âge de décadence, quelques-unes de ces inspirations simples et naïves qui n'appartiennent qu'aux plus beaux temps de l'art? »

Telles sont, Messieurs, les premières pages de cette intéressante histoire. Suivons maintenant notre auteur où il voudra nous conduire ; laissons Lesueur se désoler et rêver dans ce cloître des Chartreux où il devait bientôt s'immortaliser. Partons pour l'Italie, afin d'apprécier l'état de la peinture dans cette patrie des Masaccio et des Raphaël, bientôt M. Vitet nous ramènera en France et poursuivra le récit de la vie de notre grand Lesueur.

Après un coup d'œil jeté rapidement sur le quinzième siècle, après avoir signalé la période d'épuisement et de stérilité qui succéda brusquement à cette féconde et glorieuse renaissance, M. Vitet quitte cette famille de peintres immortels qui, la plupart, avaient cessé de vivre ou de peindre vers le milieu du seizième siècle ; et, résumant l'histoire des écoles qui succédèrent aux grands maîtres, il les retrouve bientôt infidèles aux traditions qui devaient rester leur loi, leur religion.

L'école de Raphaël elle-même répudia cette image de la beauté simple et primitive que le maître, au commencement de sa vie, avait adorée avec la ferveur d'un croyant,

L'âge d'or n'avait duré que quelques jours : on vit bientôt s'étendre et s'affermir les conquêtes de la manière ; une méthode expéditive et systématique remplaça les douces aspirations de l'esprit humain qui animèrent ces incomparables madones douées de la beauté incorporelle la plus pure.

Michel-Ange, en mourant, eut la douleur d'assister à ce chaos, à cette anarchie, suite inévitable de sa révolte contre le beau. L'extravagance était poussée à un tel point, que la preuve la plus convaincante du génie était alors de jeter des fresques sur les murailles sans faire de cartons, et d'improviser des tableaux sans faire de dessins : aussi, Cambiasi le gênois, après avoir cherché comment il pourrait surpasser ses rivaux, ne trouva pas de meilleur moyen que de se mettre à *peindre des deux mains à la fois.*

La décadence avait fait de si grands pas, qu'une réaction devenait inévitable, et l'école fameuse des Carrache vint mettre un terme à tant de folies. Il y eut encore bien des luttes à soutenir : les chefs de cette seconde renaissance se posant en médiateurs, ne donnant raison à personne, furent attaqués de tous côtés à la fois ; les grands mots de naturalisme et d'idéalisme furent lancés dans le public, comme caractérisant deux écoles : la première eut pour chef le fougueux Michel-Ange de Caravage, et Joseph d'Arpino proclama l'idéalisme. On combattit à outrance, et la mort du Caravage et d'Annibal Carrache n'interrompit pas la lutte. Joseph d'Arpino vécut plus de trente ans encore, et eut à combattre les élèves passionnés que laissa le Caravage.

On vit paraître alors le Guide, le Dominicain, qui arrêtèrent un instant la manière, mais qui ne purent l'empêcher de déborder et de se répandre avec une puissance invincible.

C'est, remarque M. Vitet, au milieu de ces illusions, c'est dans cette atmosphère d'erreurs, de faux systèmes, de folles théories, que nos jeunes artistes français se lançaient avec une aveugle et confiante ardeur.

Quant à Lesueur, nous le retrouvons dans l'atelier de Vouet, dont il suivait les conseils avec docilité ; mais, entraîné à son insu dans une autre voie, il était saisi d'admiration à la vue de quelques peintures apportées d'Italie. Frappé de révélation, il devint soucieux et rêveur, entrevoyant un autre but, mais n'osant pas secouer le joug du maître auquel il était attaché par la reconnaissance.

Un événement important aida Lesueur à prendre son essor dans une voie nouvelle. Nicolas Poussin, mandé en France par ordre du roi Louis XIII, fut accueilli par lui avec honneur ; mais un aussi puissant génie ne pouvait apparaître sans déchaîner contre lui la foule des médiocrités jalouses.

Lesueur rompit des lances pour celui qui, plus tard, fut son guide, et dont l'exemple, ainsi que les savantes leçons, devait contribuer si puissamment à développer en lui le plus pur amour du beau dans son essence.

Je regrette, Messieurs, que les bornes de mon rapport me forcent d'abréger le récit de la vie de Lesueur. J'ai trouvé tant de plaisir à parcourir cette notice écrite de main de maître, que j'aurais aimé à renoncer au rôle de rapporteur, pour vous lire tout simplement le volume en entier.

M. Vitet, en écrivant la vie de Lesueur, nous le montre constamment tel que ses tableaux nous le font connaître, et, dans une narration toujours attachante, l'auteur a su faire apprécier à sa juste valeur le chaste génie dont la naïveté n'a jamais été intentionnelle et systématique. Lesueur, dit M. Vitet, a toujours été simple, vrai, parce que sa nature le voulait; il ne s'est pas fait une méthode rétrospective, il ne s'est pas donné je ne sais quel aspect du moyen-âge, il s'est montré tel qu'il était : seul moyen de ne ressembler à personne. Aussi, quand on l'appelle le Raphaël français, on se trompe, si on veut dire qu'il fut l'imitateur du grand peintre romain : jamais il n'a imité ses œuvres, mais il a trouvé par bonheur, la route que Raphaël aurait suivie s'il eût été Lesueur, la voie du vrai beau, c'est-à-dire l'expression de la simplicité.

Maintenant, Messieurs, il me reste à vous dire que le magnifique ouvrage offert à notre Société par l'éditeur Challamel, est enrichi de soixante dessins lithographiés avec talent par M. Gsell, d'après les œuvres de Lesueur. Ces dessins nous font connaître, au milieu de compositions universellement admirées, quelques perles restées cachées jusqu'à ce jour.

Je termine en proposant à la Société libre des Beaux-Arts, le renvoi de ce bel ouvrage à la commission des récompenses, afin qu'une œuvre aussi utile aux saines doctrines de l'art reçoive une éclatante approbation d'une Société telle que la nôtre, instituée pour les soutenir et les propager.